AF221965

Impressum
Verlag: BABADADA GmbH, Nedderfeld 112 , 22529 Hamburg
Geschäftsführer / Verlagsleitung: Harald Hof
Druck: Books on Demand GmbH, In de Tarpen 42, 22848 Norderstedt

Imprint
Publisher: BABADADA GmbH, Nedderfeld 112 , 22529 Hamburg, Germany
Managing Director / Publishing direction: Harald Hof
Print: Books on Demand GmbH, In de Tarpen 42, 22848 Norderstedt, Germany

shkolla
School

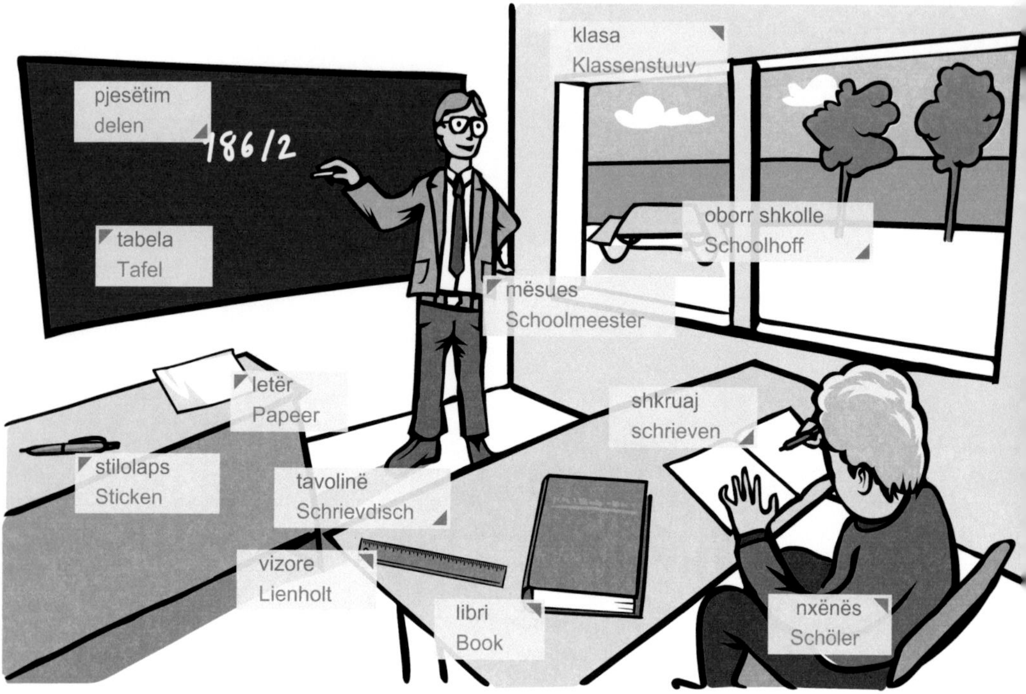
klasa
Klassenstuuv
pjesëtim
delen
186/2
tabela
Tafel
oborr shkolle
Schoolhoff
mësues
Schoolmeester
letër
Papeer
shkruaj
schrieven
stilolaps
Sticken
tavolinë
Schrievdisch
vizore
Lienholt
libri
Book
nxënës
Schöler

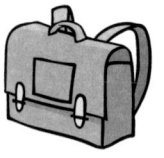

çantë

Ranzel

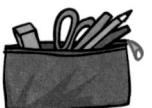

mbajtëse lapsash

Feddermapp

laps

Bleesticken

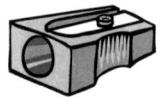

mprehës lapsash

Scharpmaker

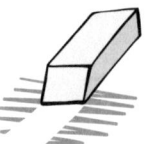

gomë

Radeergummi

fletore vizatimi

Tekenblock

vizatim
Teken

penel
Pinsel

kuti bojërash
Malkassen

gërshërë
Scheer

ngjitës
Klever

fletore detyrash
Heft to'n Öven

detyrë shtëpie
Huusopgaav

numër
Tall

2+2

mbledh
tohooptellen

5-2

zbres
aftrecken

shumëzoj
malnehmen

llogaris
reken

A

gërmë
Bookstaav

alfabeti
ABC

fjalë
Woort

tekst

Text

lexoj

lesen

shkumës

Kried

mësim

Stunn

regjistër

Klassenbook

provim

Pröven

çertifikatë

Tüügnis

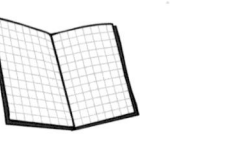

uniformë shkolle

Schooluniform

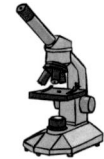

arsimim

Utbillen

enciklopedia

Nakieksel

universitet

Universität

mikroskop

Mikroskop

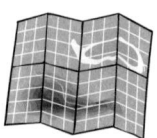

hartë

Koort

kosh letrash

Papeerkorf

udhëtim
Törn

hotel
Hotel
Grand
bujtinë
Harbarg
ROOMS
pikë këmbimi valutor
Wesselstuuv
EXCHANGE
valixhe
Kuffer
makinë
Auto

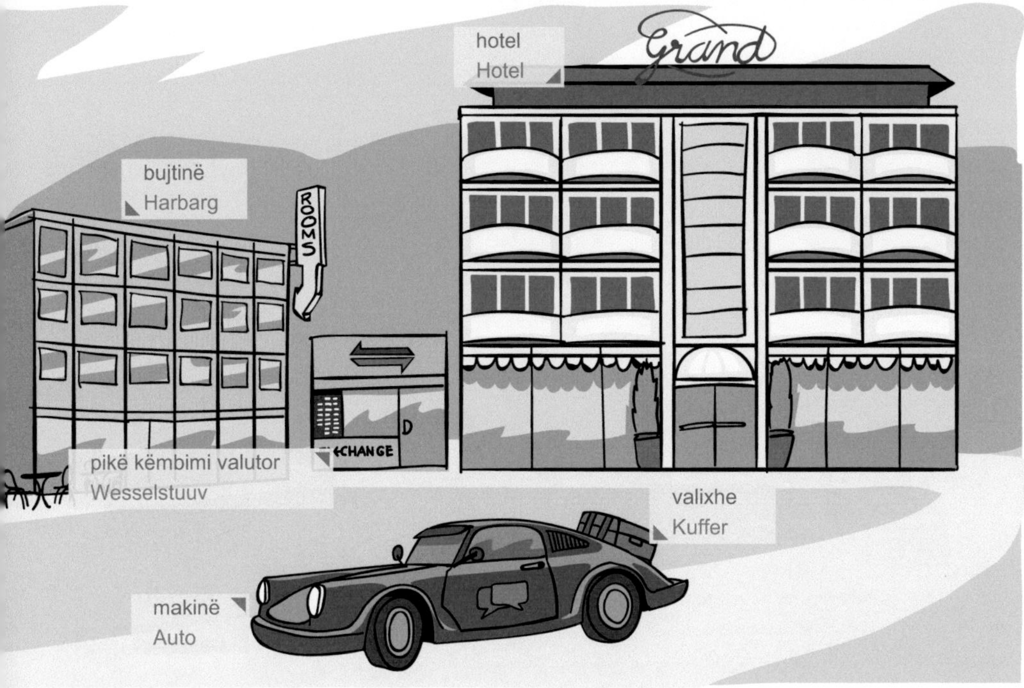

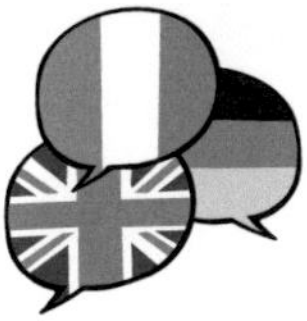

gjuhë

Spraak

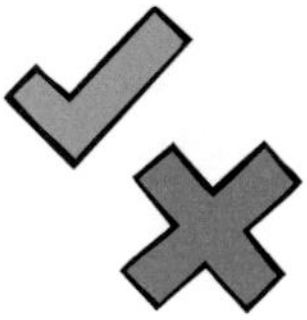

po / jo

jo / ne

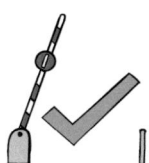

Në rregull

Jo

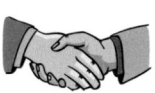

ç'kemi

Moin

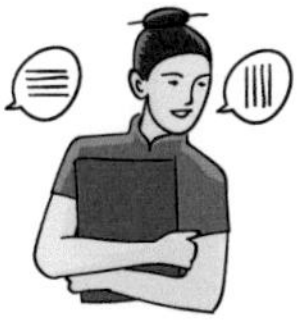

përkthyes

Översetter

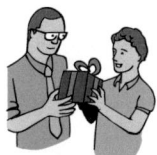

Faleminderit

Dank ok

sa kushton…?

Wat kost…?

nuk e kuptoj

Ik verstah nich

problem

Problem

Mirëmbrëma!

Goden Avend

Mirëmëngjes!

Moin!

Natën e mirë!

Gode Nacht!

mirupafshim

Tschüüs

drejtim

Richt

bagazhet

Bagaasch

çantë

Tasch

çantë shpine

Rüchsack

mysafir

Gast

dhomë

Stuuv

thes gjumi

Slaapsack

tendë

Telt

6
udhëtim - Törn

informacion për turistët

Touristeninformatschoon

plazh

Strand

kartë krediti

Kreditkoort

mëngjes

Fröhstück

drekë

Meddageten

darkë

Avendeten

Biletë

Fohrkort

ashensor

Fohrstohl

pulla

Breefmark

kufi

Grenz

doganë

Toll

ambasadë

Bottschop

vizë

Visum

pasaportë

Pass

transport
Transport

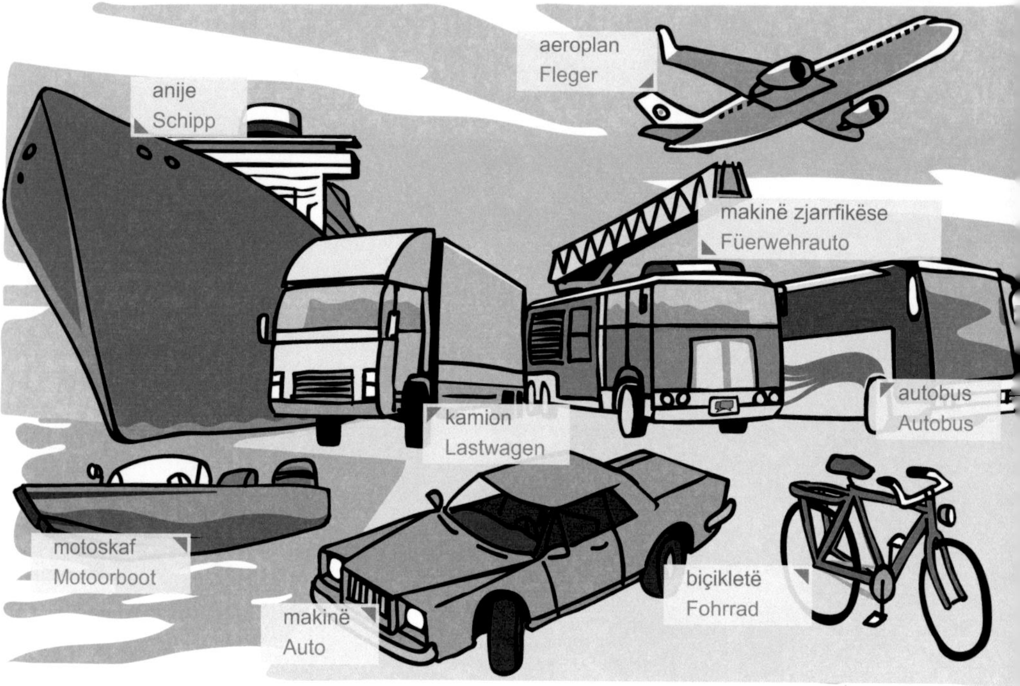
anije
Schipp
aeroplan
Fleger
makinë zjarrfikëse
Füerwehrauto
kamion
Lastwagen
autobus
Autobus
motoskaf
Motoorboot
makinë
Auto
biçikletë
Fohrrad

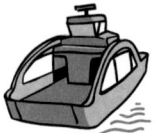

traget

Fähr

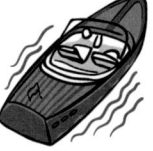

varkë

Boot

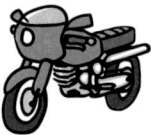

motoçikletë

Motoorrad

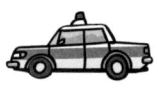

makinë policie

Polizeiauto

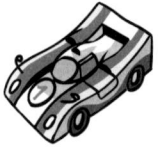

makinë garash

Rönnauto

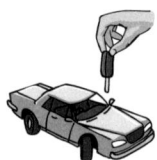

makinë me qira

Lehnwagen

ndarje e qirasë së makinës

Carsharing

karroatrec

Afsleepwagen

makinë plehrash

Müllauto

motor

Motoor

benzinë

Kraftstoff

pikë karburanti

Tanksteed

sinjalistikë trafiku

Verkehrsschild

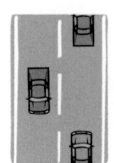

trafik

Verkehr

bllokim trafiku

Stau

parkim makinash

Afstellplatz

stacion treni

Bahnhoff

trase

Sporen

tren

Tog

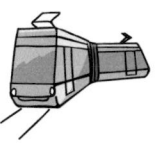

tramvaj

Stratenbahn

karro

Wagon

helikopter

Dwarsmöhl

aeroport

Flooghaven

kullë

Tower

pasagjer

Fohrgast

kontenier

Grootkist

kuti kartoni

Karton

qerre

Koor

shportë

Korf

ngrihem / ulem

starten / lannen

qytet
Stadt

fshat

Dörp

qendra e qytetit

Binnenstadt

shtëpi

Huus

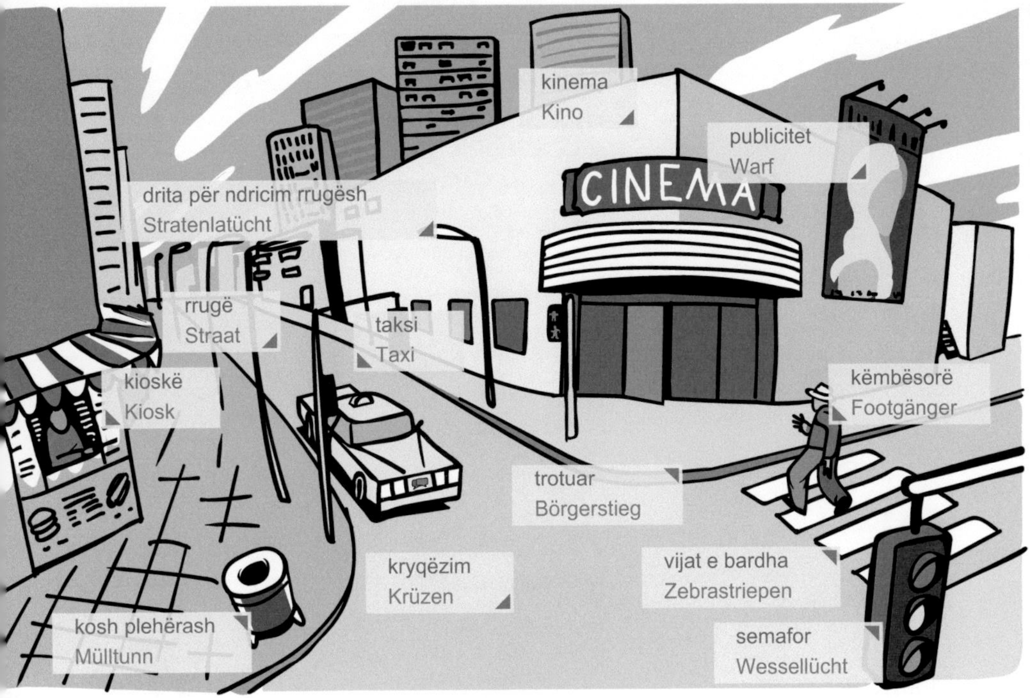

kinema
Kino

publicitet
Warf

drita për ndricim rrugësh
Stratenlatücht

CINEMA

rrugë
Straat

taksi
Taxi

kioskë
Kiosk

këmbësorë
Footgänger

trotuar
Börgerstieg

kryqëzim
Krüzen

vijat e bardha
Zebrastriepen

kosh plehërash
Mülltunn

semafor
Wessellücht

kasolle

Hütt

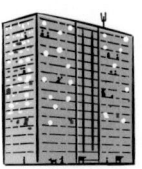

apartament

Wahnung

stacion treni

Bahnhoff

bashki

Raathuus

muze

Museum

shkolla

School

universitet

Universität

bankë

Bank

spital

Krankenhuus

hotel

Hotel

farmaci

Afteek

zyrë

Büro

librari

Bookhökerie

dyqan

Hökerie

dyqan lulesh

Blomenhökerie

supermarket

Supermarkt

market

Markt

mapo

Koophuus

dyqan peshku

Fischhökerie

qëndër tregtare

Inkoopszentrum

port

Haven

park

Parkanlaag

stol

Bank

urë

Brüch

shkallë

Trepp

metro

Ünnergrundbahn

tunel

Tunnel

stacion autobuzi

Busstoppsteed

bar

Bar

restorant

Spieslokal

kuti postare

Breefkassen

sinjalistikë rrugore

Stratenschild

kohëmatës parkimi

Parkklock

kopsht zoologjik

Deertenpark

pishinë

Baadanstalt

xhami

Moschee

fermë
Buernhoff

ndotje
Ümweltversmudden

varrezë
Karkhoff

kishë
Kark

shesh lojërash
Speelplatz

tempull
Tempel

peisazh
Landschop

gjethe
Blatt

tabela orientuese
Wiespahl

rrugë
Weg

livadh
Wisch

gurë
Steen

pemë
Boom

ekskursionist
Wannerer

lumë
Fluss

bar
Gras

lule
Bloom

luginë

Daal

kodër

Barg

liqen

See

pyll

Holt

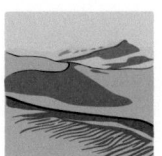

shkretëtirë

Wööst

vullkan

Füerspien Barg

kështjellë

Slott

ylber

Regenbagen

kepudhë

Poggenstohl

palmë

Palm

mushkonjë

Steekmück

mizë

Fleeg

milingonë

Miegeemk

bletë

Imm

merimangë

Spinn

brumbull

Sebber

bretkosë

Pogg

ketër

Katteker

iriq

Swienegel

lepur

Haas

buf

Uul

zog

Vagel

mjellmë

Swaan

derr i egër

Wildswien

dre

Hirsch

dre brilopatë

Elk

digë

Staudamm

turbinë ere

Windrad

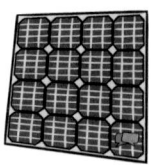

panel diellor

Solarmodul

klimë

Klima

restorant
Spieslokal

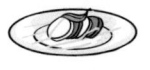

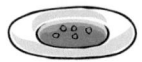

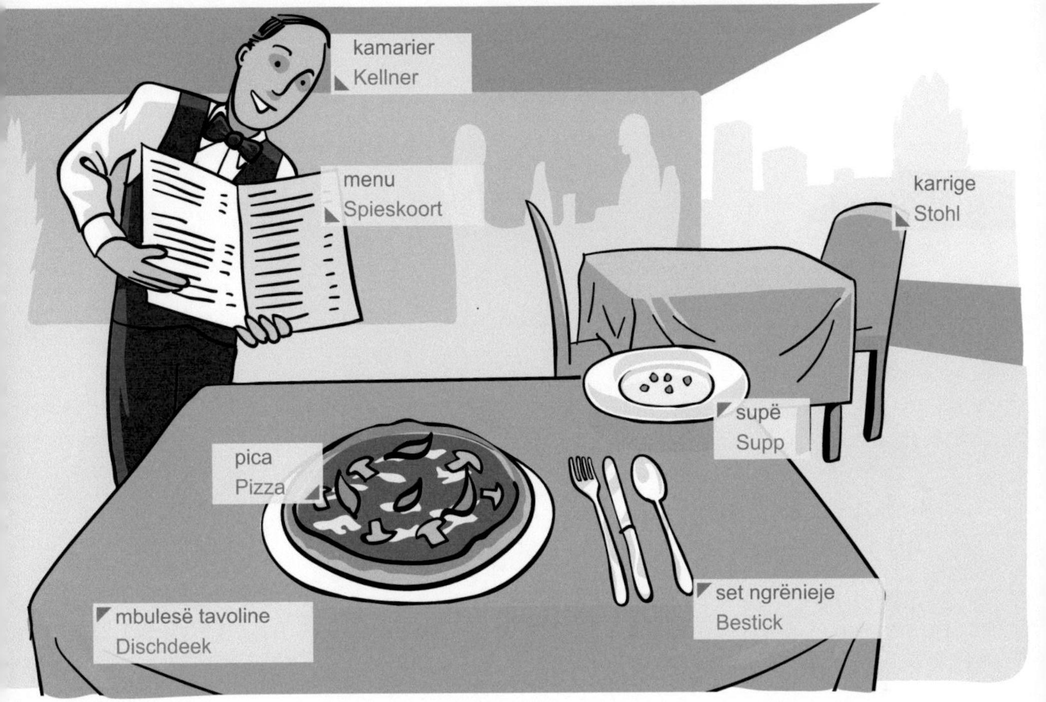
kamarier
Kellner
menu
Spieskoort
karrige
Stohl
supë
Supp
pica
Pizza
mbulesë tavoline
Dischdeek
set ngrënieje
Bestick

pjatë e parë

Vörspies

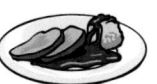

pjatë kryesore

Haupteten

ëmbëlsirë

Nadisch

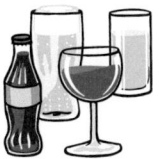

pije

Drünk

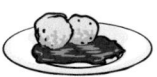

ushqim

Eten

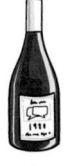

shishe

Buddel

ushqim i shpejtë

Fastfood

ushqim i shërbyer në rrugë

Strateneten

ibrik çaji

Teekann

kuti sheqeri

Zuckerdoos

racion

Portschoon

makinë kafeje ekspres

Espressomaschien

karrige e lartë

Hoochstohl

faturë

Reken

tabaka

Tablett

thika

Mess

pirun

Gavel

lugë

Lepel

lugë çaji

Teelepel

pecetë

Munddook

gotë

Glas

pjatë
....
Töller

pjatë supe
....
Suppentöller

pjatë filxhani
....
Ünnertass

salcë
....
Sooß

mbajtëse kripe
....
Soltstreuer

mulli piperi
....
Pepermöhl

uthull
....
Etig

vaj
....
Ööl

erëza
....
Krüder

keçap
....
Ketchup

mustardë
....
Mostrich

majonezë
....
Mayonnaise

supermarket
Supermarkt

ofertë speciale
Anbott
klient
Kunn
FOR
produkte bulmeti
Melkprodukten
frut
Aaft
karrocë pazari
Inkoopswagen

BUTCHERS

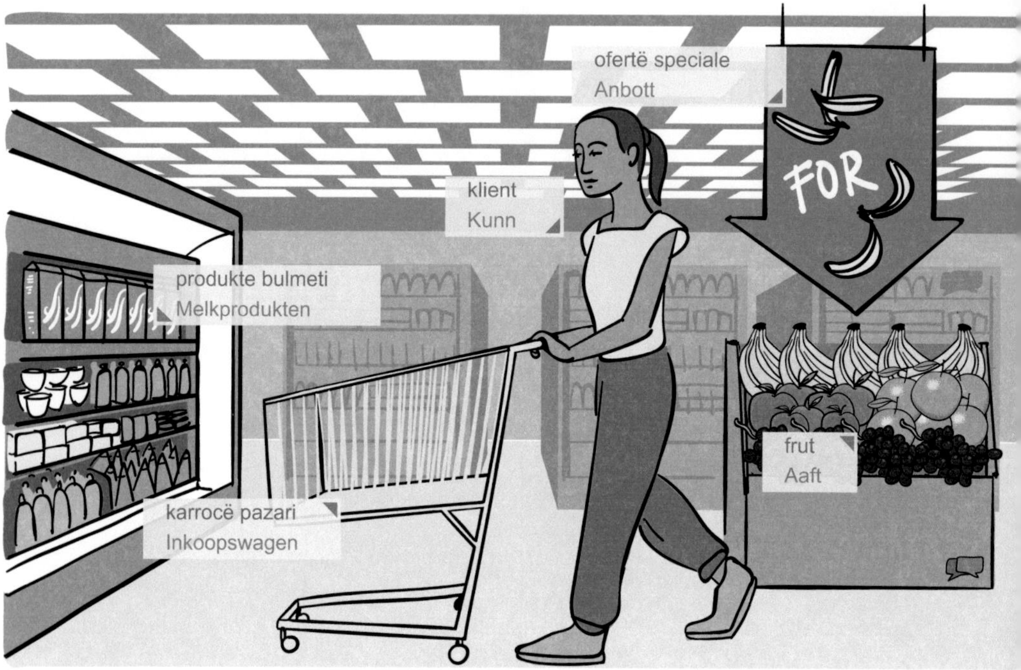

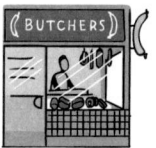

dyqan mishi

Slachterie

BAKERY

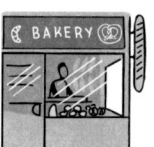

furrë buke

Bäckerie

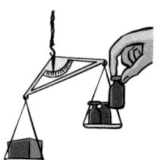

peshoj

wegen

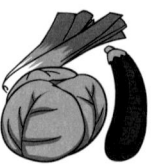

perime

Gröönsaken

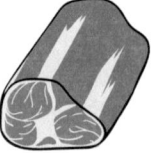

mish

Fleesch

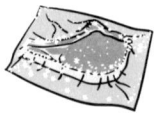

ushqim i ngrirë

Deepköhlkost

copë

Opsnitt

ushqim i konservuar

Konserven

pluhur larës

Waschmiddel

ëmbëlsirat

Snoopkraam

prodhime shtëpie

Huushooltssaken

produkte pastrimi

Reinmaaktüüch

shitëse

Verköpersche

kasë fiskale

Kass

arkëtar

Kasserer

listë blerjeje

Inkoopslist

oraret e punës

Opsparrtieden

portofol

Breeftasch

kartë krediti

Kreditkoort

çantë

Tasch

qese plastike

Plastiktüüt

ujë

Water

lëng frutash

Saft

qumësht

Melk

koka-kola

Cola

verë

Wien

birrë

Beer

alkool

Spriet

kakao

Kakao

çaj

Tee

kafe

Koffie

kafe ekspres

Espresso

kapuçino

Cappucino

banane

Banaan

mollë

Appel

portokalle

Appelsien

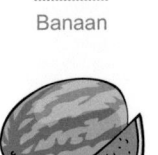

pjepër

Meloon

limon

Zitroon

karrotë

Wöttel

hudhër

Knuuvlook

bambu

Bambus

qepë

Zibbel

kërpudha

Poggenstohl

arra

Nööt

makarona

Nudeln

spageti

Spaghetti

oriz

Ries

sallatë

Salat

patate të skuqura

Pommes frites

patate të skuqura

Braadkantüffeln

pica

Pizza

hamburger

Hamborger

sanduiç

Sandwich

shnicel

Snitzel

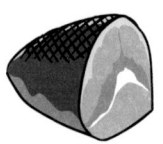

proshutë

Schinken

sallam

Salami

salçiçe

Wust

pulë

Hohn

skuq

Braden

peshk

Fisch

tërshërë
Haverflocken

drithëra
Müsli

kornfleiks
Cornflakes

miell
Mehl

kruasant
Croissant

panine
Rundstück

bukë
Broot

tost
Toast

biskotë
Keksen

gjalp
Botter

gjizë
Quark

tortë
Koken

vezë
Ei

vezë sy
Spegelei

djathë
Kees

akullore

les

sheqer

Zucker

mjaltë

Honnig

marmaladë

Marmelaad

çokokrem

Nougat-Creme

këri

Curry

fermë

Buernhoff

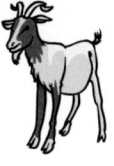

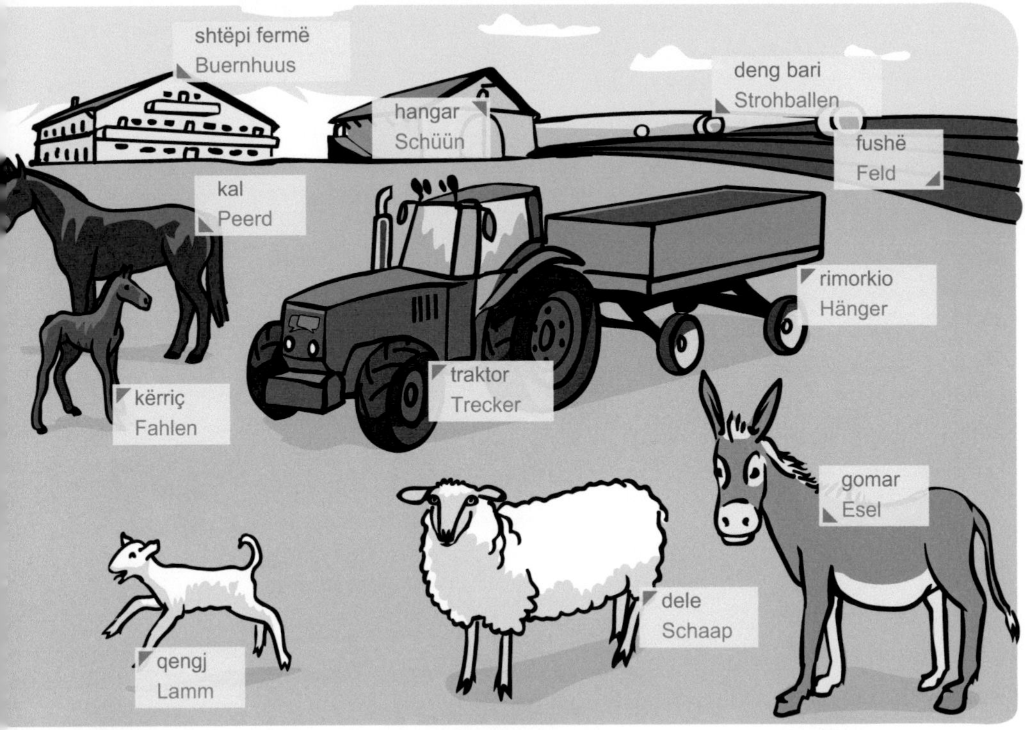
shtëpi fermë
Buernhuus
hangar
Schüün
deng bari
Strohballen
fushë
Feld
kal
Peerd
rimorkio
Hänger
traktor
Trecker
kërriç
Fahlen
gomar
Esel
dele
Schaap
qengj
Lamm

dhi

Zeeg

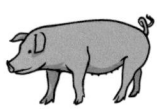

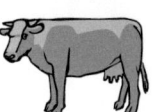

lopë

Koh

viç

Kalf

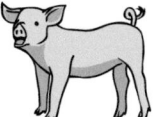

derr

Swien

derrkuc

Farken

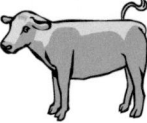

dem

Bull

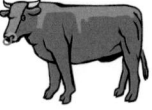

patë

Goos

rosë

Aant

zog pule

Küken

pulë

Hohn

gjel

Hahn

mi

Rott

mace

Katt

mi

Muus

buall

Oss

qen

Hund

kolibe qeni

Hunnenhütt

zorrë vaditëse

Goornslauch

vaditëse

Geetkann

kosë

Lee

plug

Ploog

drapër

Sich

shat

Hack

kosa

Mestfork

sëpatë

Ext

karrocë

Schuufkoor

govatë

Trog

bidon qumështi

Melkkann

thes

Sack

gardh

Tuun

ahur

Stall

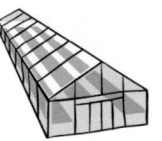

serë

Drievhuus

dhe

Bodden

farë

Saat

pleh

Dünger

autokombanjë

Meihdöscher

korr
oornen

te korrat
Oorn

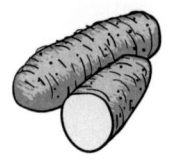

patate e ëmbël "Yam"
Yamswöttel

grurë
Weten

soja
Soja

patate
Kantüffel

misër
Törksche Weten

raps
Rapp

pemë frutore
Aaftboom

zhardhok manioku
Troopsch Kantüffel

drithëra
Koorn

shtëpi
Huus

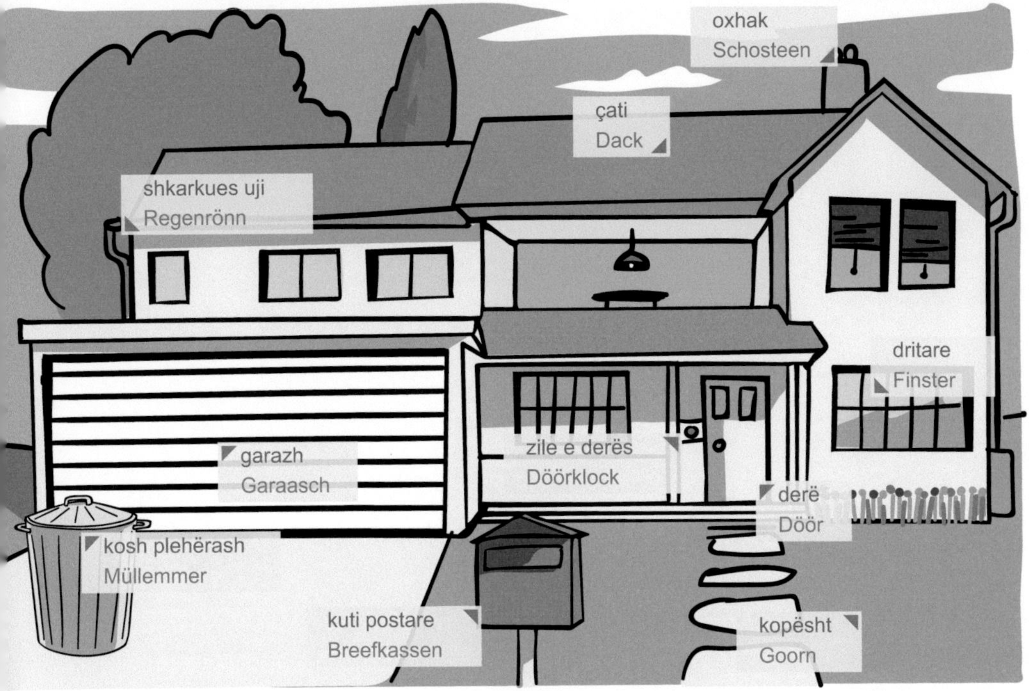

oxhak
Schosteen
çati
Dack
shkarkues uji
Regenrönn
dritare
Finster
zile e derës
Döörklock
garazh
Garaasch
derë
Döör
kosh plehërash
Müllemmer
kuti postare
Breefkassen
kopësht
Goorn

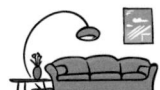

dhomë ndenjeje

Wahnstuuv

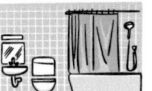

tualet

Baadstuuv

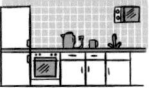

kuzhinë

Köök

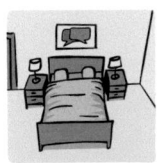

dhomë gjumi

Slaapstuuv

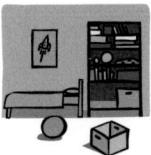

dhomë fëmijësh

Kinnerstuuv

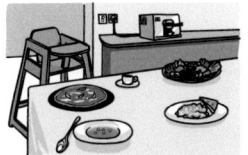

dhomë ngrënieje

Eetstuuv

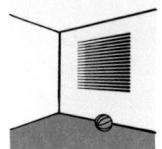

dysheme

Footbodden

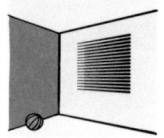

mur

Wand

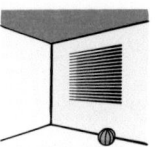

tavan

Deek

bodrum

Keller

sauna

Hittluftbad

ballkon

Balkon

tarracë

Terrass

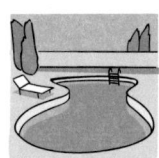

pishinë

Swümmbad

kositëse bari

Rasenmeiher

çarçaf

Bettbetog

kuvertë

Bettdeek

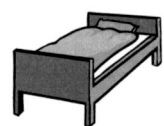

krevat

Puuch

fshesë dore

Bessen

kovë

Emmer

çelës

Schalter

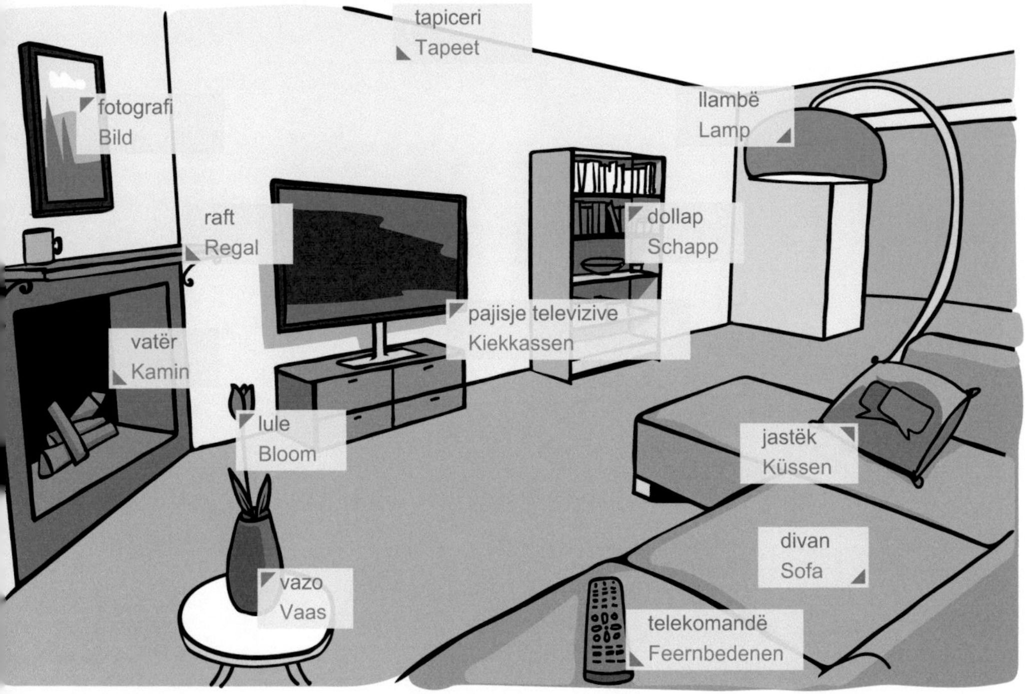

tapiceri
Tapeet

fotografi
Bild

llambë
Lamp

raft
Regal

dollap
Schapp

vatër
Kamin

pajisje televizive
Kiekkassen

lule
Bloom

jastëk
Küssen

divan
Sofa

vazo
Vaas

telekomandë
Feernbedenen

qilim

Teppich

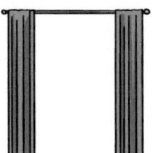

perde

Vörhang

tavolinë

Disch

karrige

Stohl

karrige lëkundëse

Schuckelstohl

kolltuk

Sessel

libri

Book

batanije

Deek

zbukurime

Dekoratschoon

dru zjarri

Füerholt

film

Film

stereo

Stereoanlaag

çelës

Slötel

gazetë

Narichtenblatt

pikturë

Gemälde

afishe

Poster

radio

Radio

bllok shënimesh

Opschrievblock

fshesë me korent

Huulbessen

kaktus

Kaktus

qiri

Kars

kuzhinë
Köök

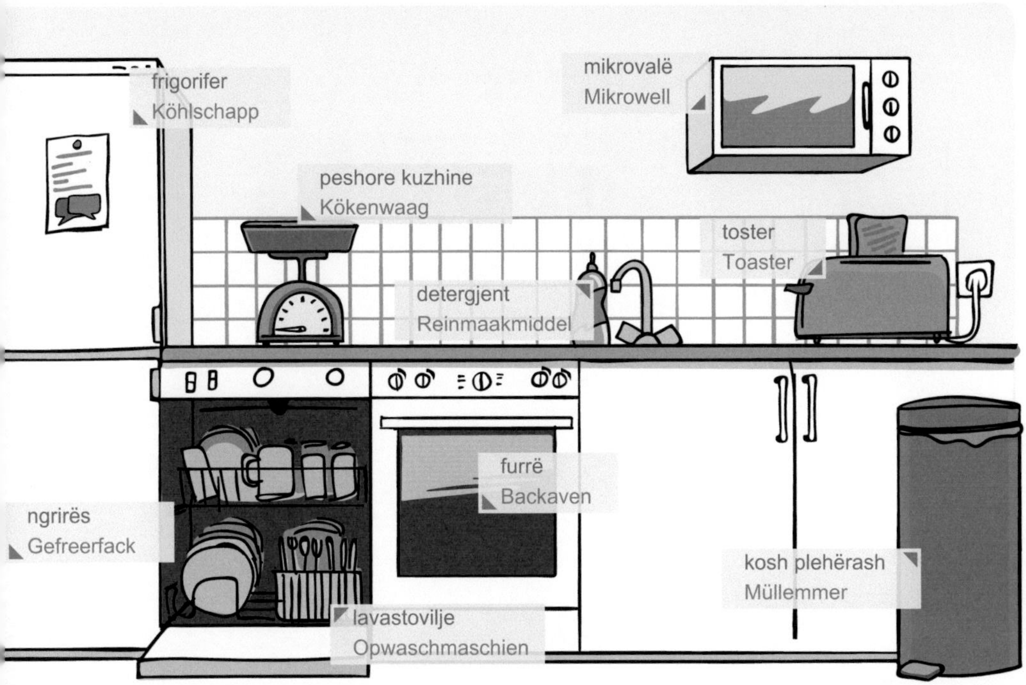
frigorifer
Köhlschapp
mikrovalë
Mikrowell
peshore kuzhine
Kökenwaag
toster
Toaster
detergjent
Reinmaakmiddel
furrë
Backaven
ngrirës
Gefreerfack
kosh plehërash
Müllemmer
lavastovilje
Opwaschmaschien

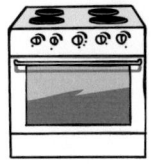

sobë

Heerd

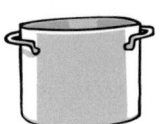

tenxhere

Pott

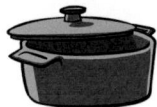

tenxhere me kapak

Gussiesern Putt

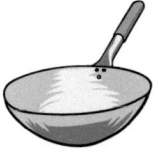

tigan special (Wok)

Wok / Kadai

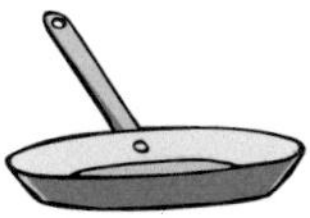

tigan

Pann

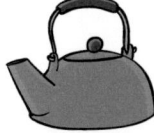

çajnik

Waterkaker

tenxhere me avull

Dampkaakputt

tavë pjekjeje

Backblick

enë

Geschirr

filxhan

Beker

tas

Schaal

shkopinj

Eetsticken

garuzhde

Suppenkell

spatul

Pannenwenner

tel kuzhine

Sneebessen

kulluese

Kaakseef

sitë

Seef

rende

Riev

havan

Mörser

skarë

Grill

zjarr

Füerstell

dërrasë për prerje
Sniedbrett

okllai
Nudelholt

heqëse tapash
Proppentrecker

kanaçe
Doos

hapëse kanaçeje
Dosenaapner

rrobë për të kapur tenxheren
Pottlappen

lavaman
Waschbecken

furçë
Böst

sfungjer
Swamm

përzjerës
Mixer

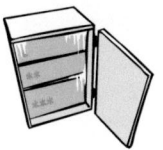

ngrirës
Iesschapp

biberon për lëngje
Nuckelbuddel

rubinet
Waterhahn

tualet

Baadstuuv

ngrohje
Heizung
peshqirë
Handdook
dush
Bruus
perde dushi
Bruusvörhang
vaskë me shkumë
Schuumbad
vaskë
Baadwann
gotë
Glas
lavatriçe
Waschmaschien
rubinet
Waterhahn
pllaka
Fliesen
oturak
lütte Putt
lavaman
Waschbecken

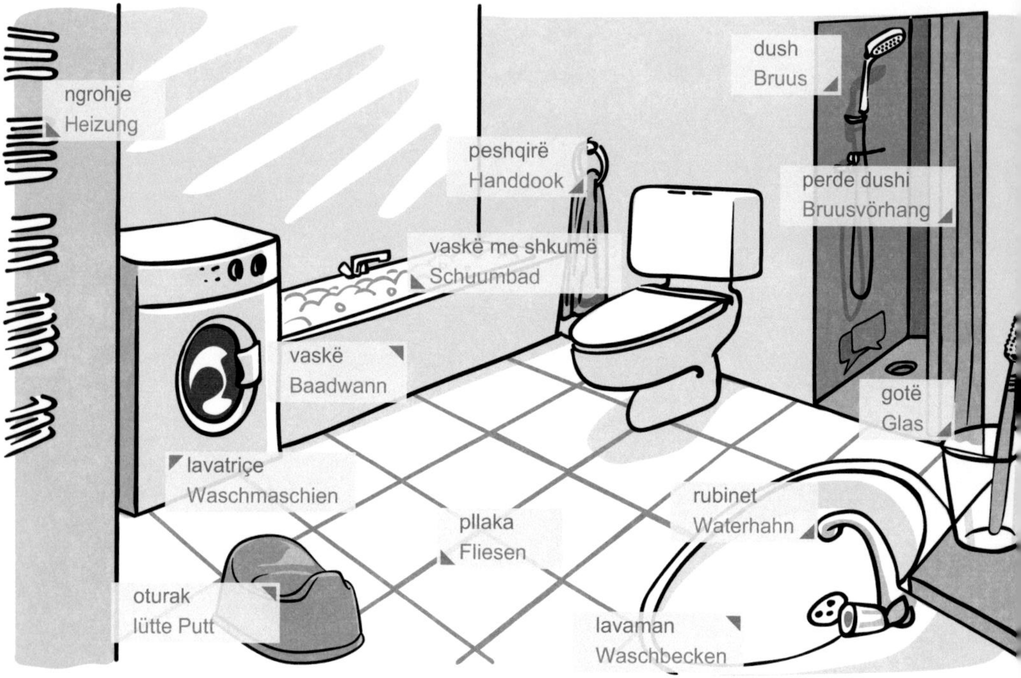

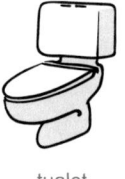

tualet

Tante Meier

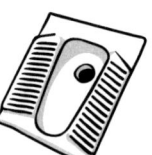

WC e sheshtë

Hockklo

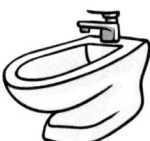

bide

Bidet

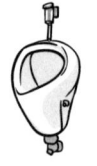

tualet publik

Miegbecken

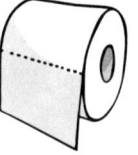

letër higjienike

Klopapeer

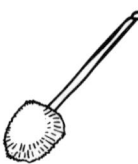

furçe për WC

Kloböst

furçë dhëmbësh

Tähnböst

pastë dhëmbësh

Tähnpast

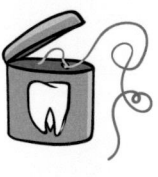

fije dentare

Tähnsied

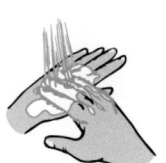

laj

waschen

dorezë dushi

Handbruus

larës për zonën intime

Intimbruus

legen

Waschschöttel

furçë për masazh shpine

Rüchböst

sapun

Seep

shampo trupi

Bruusgeel

shampo

Hoorwaschmiddel

leckë pastruese

Waschlappen

kullues

Afloop

krem

Creme

antidjersë

Deodorant

pasqyrë

Spegel

pasqyrë dore

Kosmetikspegel

brisk rroje

Raserer

shkumë rroje

Raseerschuum

locion pas rrojes

Raseerwater

krehër

Kamm

furçë

Böst

tharëse flokësh

Hoordröger

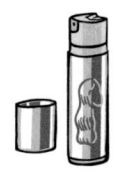

llak për flokët

Hoorspray

grim

Smink

buzëkuq

Lippensticken

manikyr

Nagellack

mbushje pambuku

Watt

gërshërë për thonj

Nagelscheer

parfum

Rüükwater

antë për sendet personale

Kulturbüdel

Stol

Schemel

peshore

Waag

robëdëshambër

Baadmantel

dorashka gome

Gummihanschen

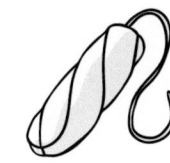

tampon

Tampon

peceta higjienike

Damenbinn

tualet I lëvizshëm

Chemieklo

dhomë fëmijësh

Kinnerstuuv

orë me zile
Wecker
lodra me pellushë
Knudeldeert
makinë lodër
Speeltüüchauto
rraketake
Klöter
shtëpi kukullash
Poppenhuus
dhuratë
Geschenk

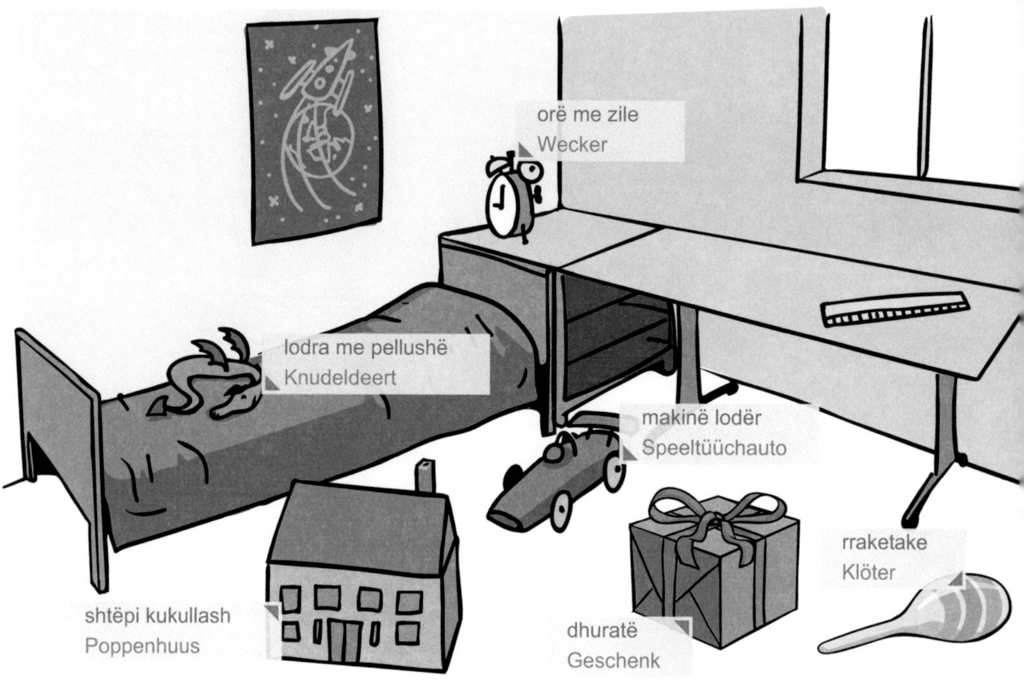

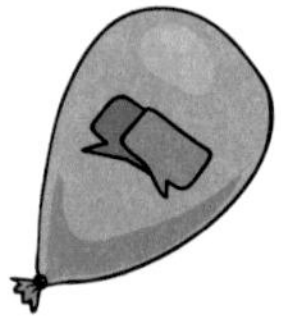

tollumbace

Luftballon

krevat

Puuch

karrocë fëmijësh

Kinnerwagen

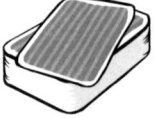

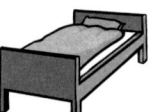

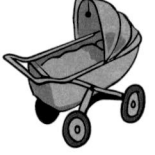

lojë me letra

Koortenspeel

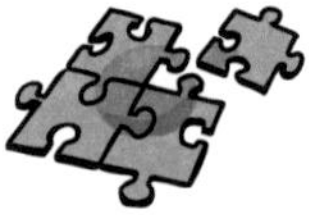

bashkim pjesësh me figura

Puzzle

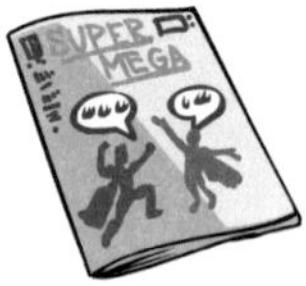

komik

Billergeschicht

formuese lodër

Legostenen

kuba plastikë

Bustenen

lodra

Action-Figur

badi

Strampelantog

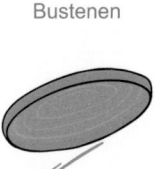

frizbi

Frisbeeschiev

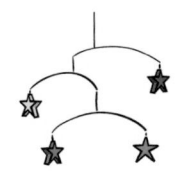

lodra të varura tek krevati i fëmijëve

Mobile

tavolinë lojërash

Brettspeel

zare

Wörpel

model treni

Modelliesenbahn

biberon

Snuller

festë

Party

libër me ilustrime

Billerbook

top

Ball

kukull

Popp

luaj

spelen

grumbull rëre

Sandkassen

kolovarëse

Schuckel

lodra

Speeltüüch

leva për lojra video

Speelkonsool

triçikël

Dreerad

arush prej pellushi

Teddyboor

garderobë

Klederschapp

çorape

Socken

çorape të gjata

Strümp

geta

Strumpbüx

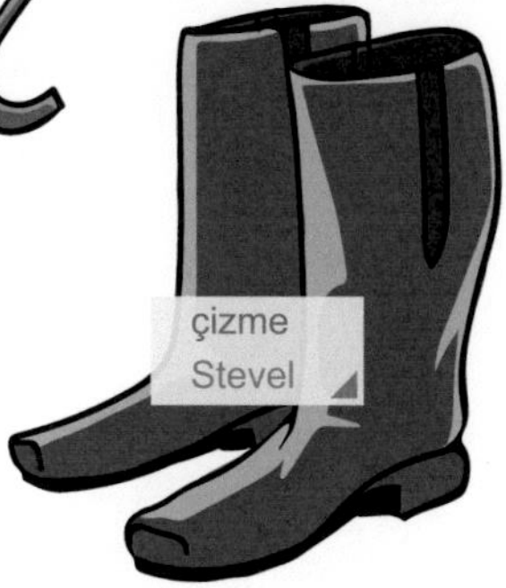

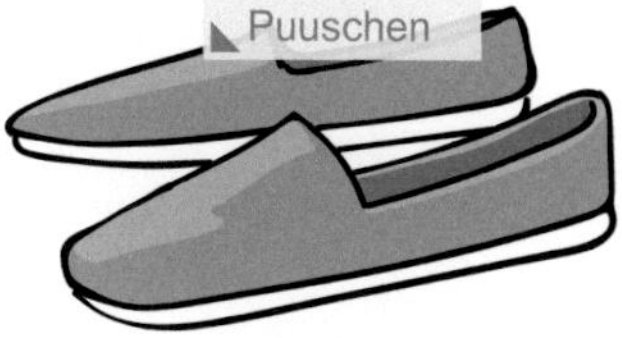

shall
Halsdook

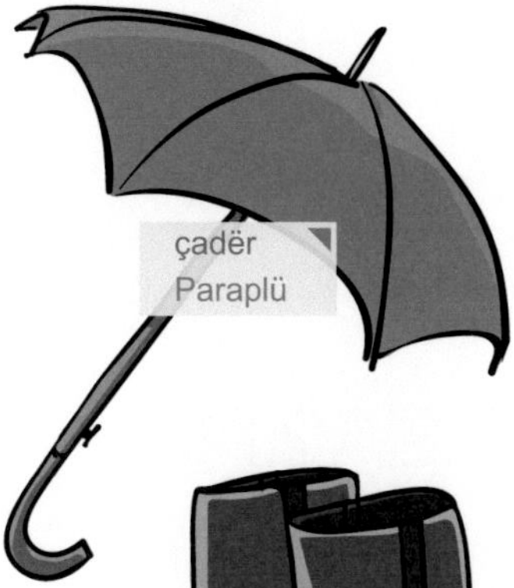

çadër
Paraplü

bluzë pa jakë
T-Shirt

rrip
Liefreem

çizme
Stevel

pantofla
Puuschen

atlete
Turnschoh

sandale

Sandalen

këpucë

Schoh

çizme llastiku

Gummistevel

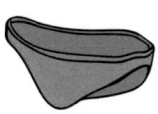

të mbathura

Ünnerbüx

reçipeta

Bostholler

kanotierë

Ünnerhemd

trup

Lief

pantallona

Büx

xhinse

Jeansnüx

fund

Rock

bluzë

Bluus

këmishë

Hemd

pulovër

Pullover

triko

Kapuzenpullover

xhaketë

Blazer

xhaketë

Jack

pallto

Mantel

mushama shiu

Övertrecker

kostum

Kostüm

fustan

Kleed

fustan nusërie

Hochtietskleed

kostum

Antog

këmishë nate

Nachtkleed

pizhama

Slaapantog

sari (veshje tradicionale
indiane)

Sari

shami koke

Koppdook

çallmë

Turban

veshje për femrat e besimit
musliman

Burka

kaftan (lloj veshjeje
tradicionale)

Kaftan

ferexhe

Abaya

kostum banje

Baadantog

rroba banje

Baadbüx

pantallona të shkurtra

Korte Büx

tuta sporti

Antog to'n Öven

përparëse

Schört

dorashka

Handschoh

kopsë

Knopp

syze

Brill

byzylyk

Armband

gjerdan

Halskeed

unazë

Ring

vath

Ohrbummel

kapuç

Mütz

varëse për pallto

Klederbögel

kapele

Hoot

kravatë

Binner

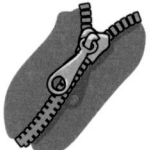

zinxhir

Rietslüter

helmetë

Helm

tiranda

Drachtband

uniformë shkolle

Schooluniform

uniformë

Uniform

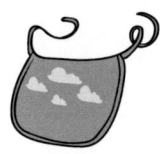

gushore

Severböten

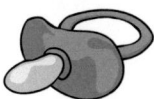

biberon

Snuller

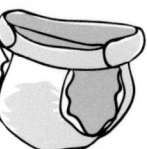

pelenë

Winnel

zyrë
Büro

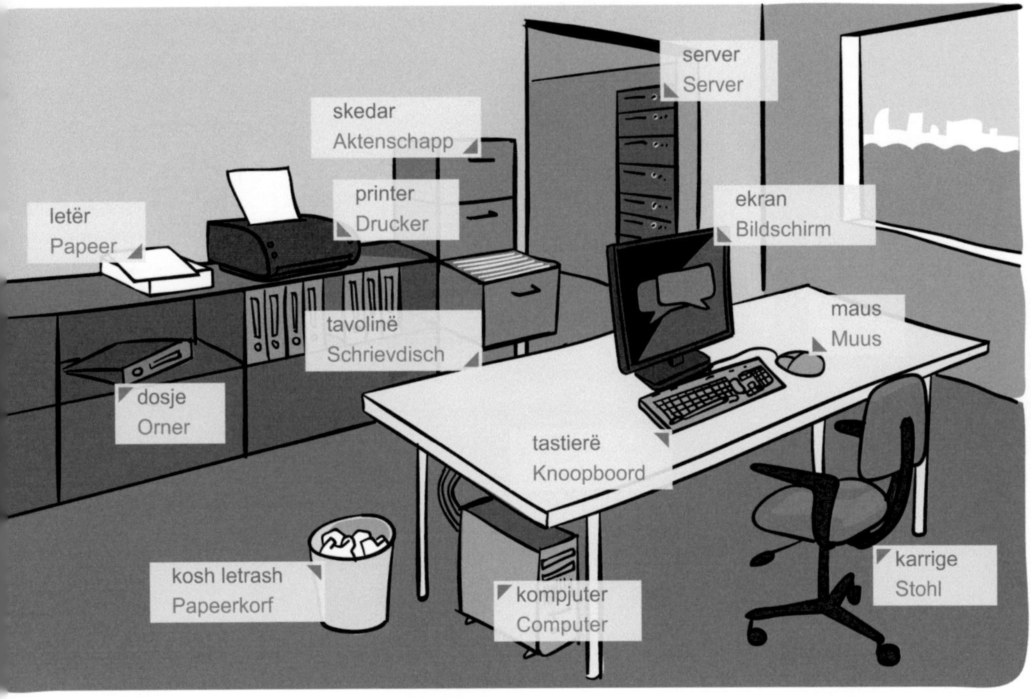
server
Server
skedar
Aktenschapp
printer
Drucker
letër
Papeer
ekran
Bildschirm
maus
Muus
tavolinë
Schrievdisch
dosje
Orner
tastierë
Knoopboord
kosh letrash
Papeerkorf
kompjuter
Computer
karrige
Stohl

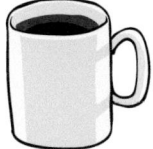

filxhan kafeje

Koffiebeker

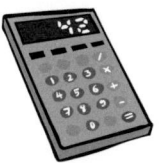

makinë llogaritëse

Taschenreekner

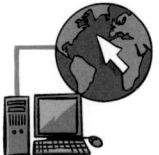

internet

Internet

kompjuter portativ

Klappreekner

letër

Breef

mesazh

Naricht

telefon

Ackersnacker

rrjet

Nettwark

fotokopje

Kopeerapparat

program

Software

telefon

Klöönkassen

prizë

Steekdoos

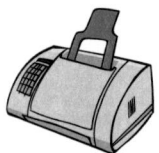

pajisje faksi

Faxapparat

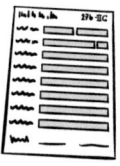

formular

Formulor

dokument

Dokument

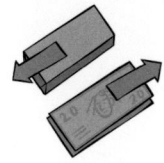

blej

köpen

paguaj

betahlen

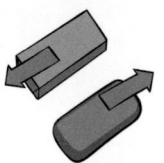

tregtoj

hanneln

para

Geld

dollar

Dollar

euro

Euro

jen

Yen

rubla

Ruvel

franga zvicerane

Swiezer Franken

juani kinez

Renminbi Yuan

rupje

Rupie

bankomat

Geldautomat

pikë këmbimi valutor

Wesselstuuv

ar

Gold

argjend

Sülver

nafta

Ööl

energji

Energie

çmim

Pries

kontratë

Verdrag

taksë

Stüer

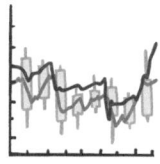

aksione

Andeelschien

punoj

arbeiden

punonjës

Anstellte

punëdhënës

Arbeitgever

fabrikë

Fabrik

dyqan

Hökerie

oficer policie
Wachtmeester

zjarrfikës
Füerwehrmann

kuzhinier
Kock

mjek
Dokter

pilot
Fleger

kopshtar

Goorner

marangoz

Discher

rrobaqepëse

Neihersche

gjykatës

Richter

kimist

Chemiker

aktor

Schauspeler

shofer autobuzi

Busfohrer

taksist

Taxifohrer

peshkatar

Fischer

pastruese

Reinmaakfru

riparues çatish

Dackdecker

kamarier

Kellner

gjuetar

Jäger

piktor

Maler

furrxhi

Bäcker

elektriçist

Elektriker

ndërtues

Buarbeider

inxhinier

Ingenieur

kasap

Slachter

hidraulik

Klempner

postieri

Postbüdel

ushtar

Suldat

arkitekt

Architekt

arkëtar

Kasserer

luleshitës

Florist

berber

Putzbüdel

kontrollor

Schaffner

mekanik

Mechaniker

kapiten

Kaptein

dentist

Tähndokter

shkencëtar

Wetenschopler

rabin

Rabbi

imam

Imam

murg

Mönk

klerik

Paap

mjete
Warktüüch

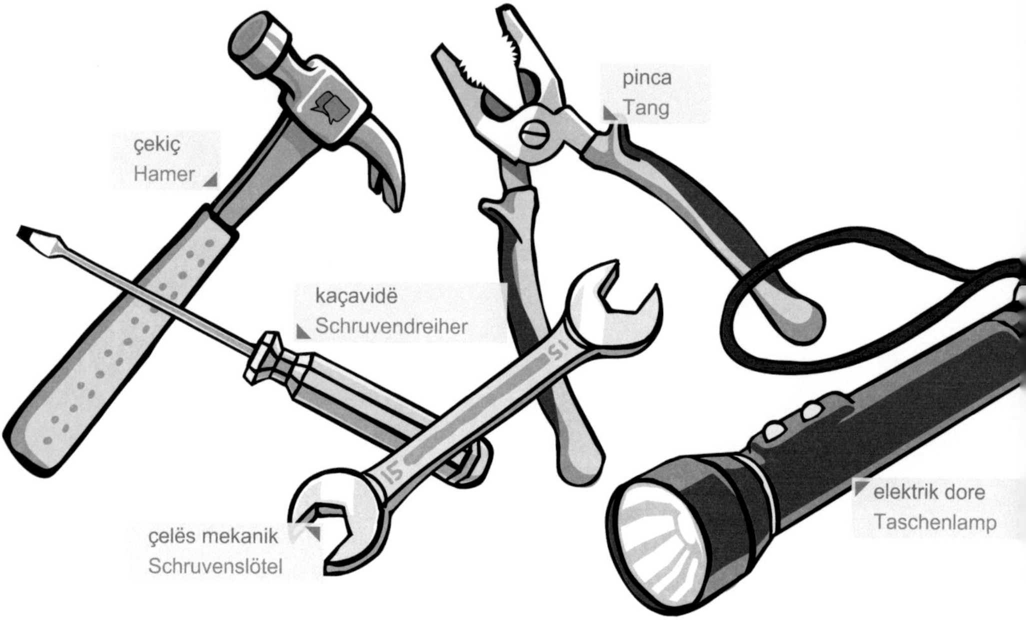

çekiç
Hamer
pinca
Tang
kaçavidë
Schruvendreiher
çelës mekanik
Schruvenslötel
elektrik dore
Taschenlamp

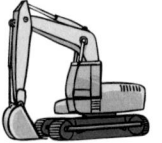

ekskavator

Grieper

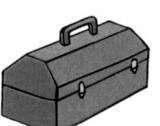

kuti veglash

Warktüüchkassen

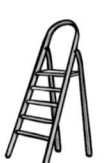

shkallë

Ledder

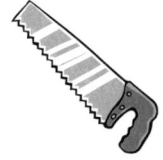

sharrë

Saag

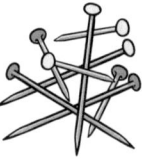

gozhdë

Nagels

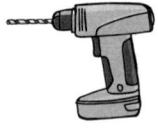

trapan

Bohrer

riparoj	lopatë	Dreq!
heelmaken	Schüffel	Schiet!
		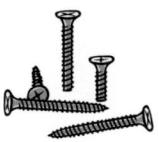
kaci	kuti boje	vidhë
Kehrblick	Farvpott	Schruven

instrumenta muzikorë
Musikinstrumenten

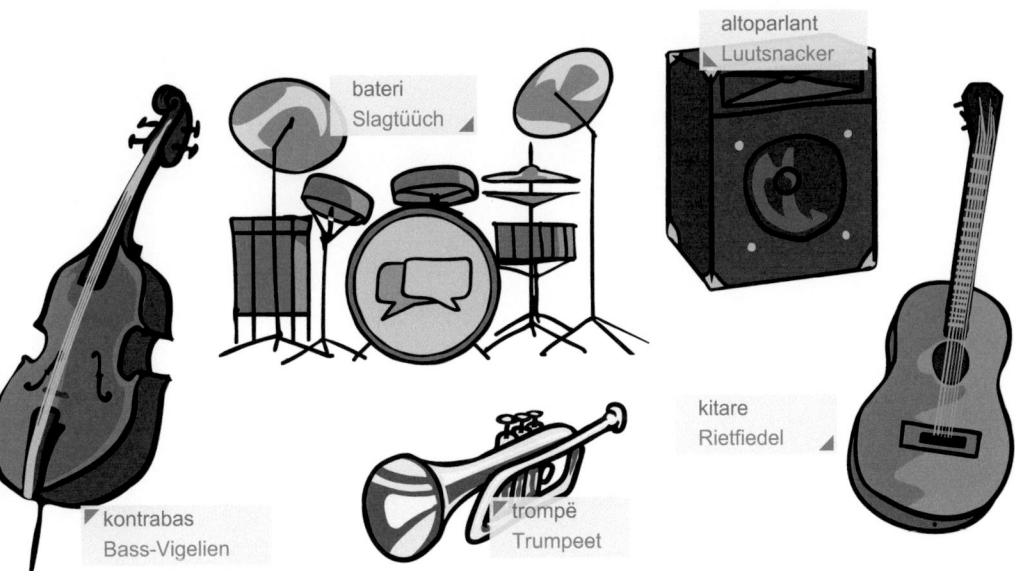

altoparlant
Luutsnacker

bateri
Slagtüüch

kontrabas
Bass-Vigelien

trompë
Trumpeet

kitare
Rietfiedel

piano

Klaveer

violinë

Vigelien

bas

Bass

tamburë

Pauk

daulle

Trummeln

tastierë pianoje

Keyboard

saksofon

Saxophon

flaut

Fleut

mikrofon

Mikrofoon

kopsht zoologjik
Deertenpark

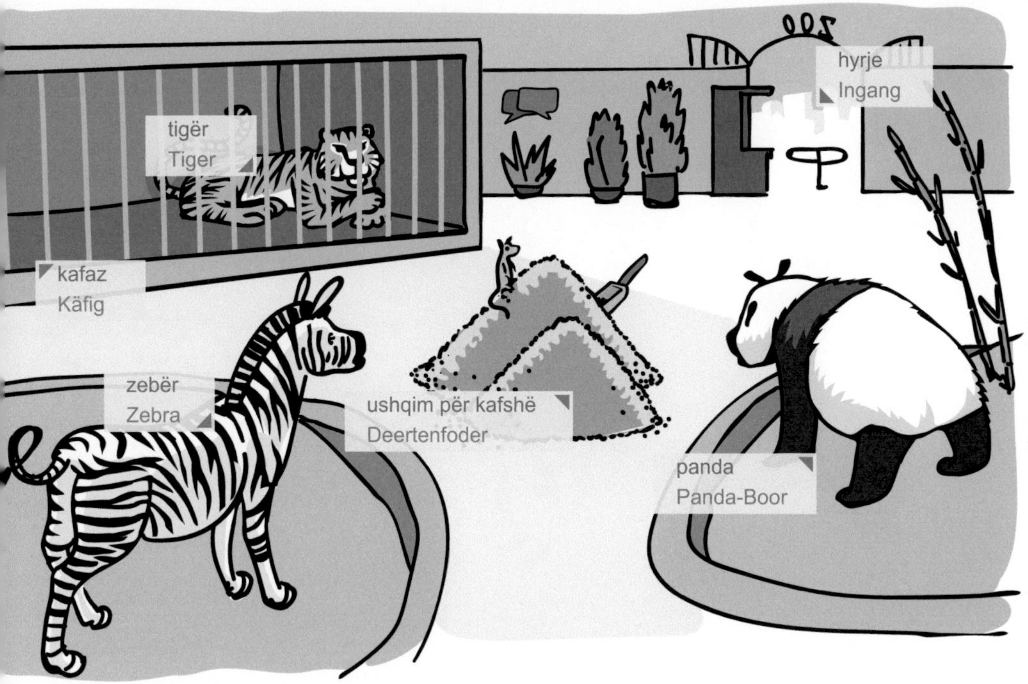

hyrje
Ingang
tigër
Tiger
kafaz
Käfig
zebër
Zebra
ushqim për kafshë
Deertenfoder
panda
Panda-Boor

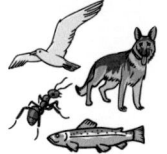

kafshë

Deerten

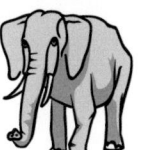

elefant

Elefant

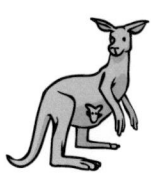

kangur

Känguru

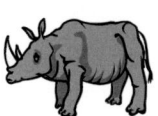

rinoceront

Neeshoorn

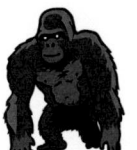

gorillë

Gorilla

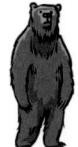

ari

Boor

deve

Kameel

struc

Struuß

luan

Lööv

majmun

Aap

flamingo

Flamingo

papagall

Papagoi

ari polar

Iesboor

pinguin

Pinguin

peshkaqen

Haifisch

pallua

Pageluun

gjarpër

Slang

krokodil

Krokodil

punonjës i kopshtit zoologjik

Oppasser in'n Deertenpark

fokë

Saalhund

xhaguar

Jaguor

poni

Pony

leopard

Leopard

hipopotam

Nilpeerd

gjirafë

Giraff

shqiponjë

Aadler

derr i egër

Wildswien

peshk

Fisch

breshkë

Schildkrööt

lopë deti

Walross

dhelpër

Voss

gazelë

Gazell

futboll amerikan
Amerikaansch Football

çiklizëm
Radfohren

tenis
Tennis

basketboll
Korfball

not
Swümmen

boks
Boxen

hokej mbi akull
leshockey

futboll	badminton	atletikë
Football	Fedderball	Leichtathletik

hendboll	ski	polo
Handball	Skilopen	Polo

aktivitet

Aktivitäten

qesh
lachen
hidhem
springen
përqafoj
ümarmen
eci
gahn
këndoj
singen
ëndërroj
drömen
lutem
beden
puth
snuteln

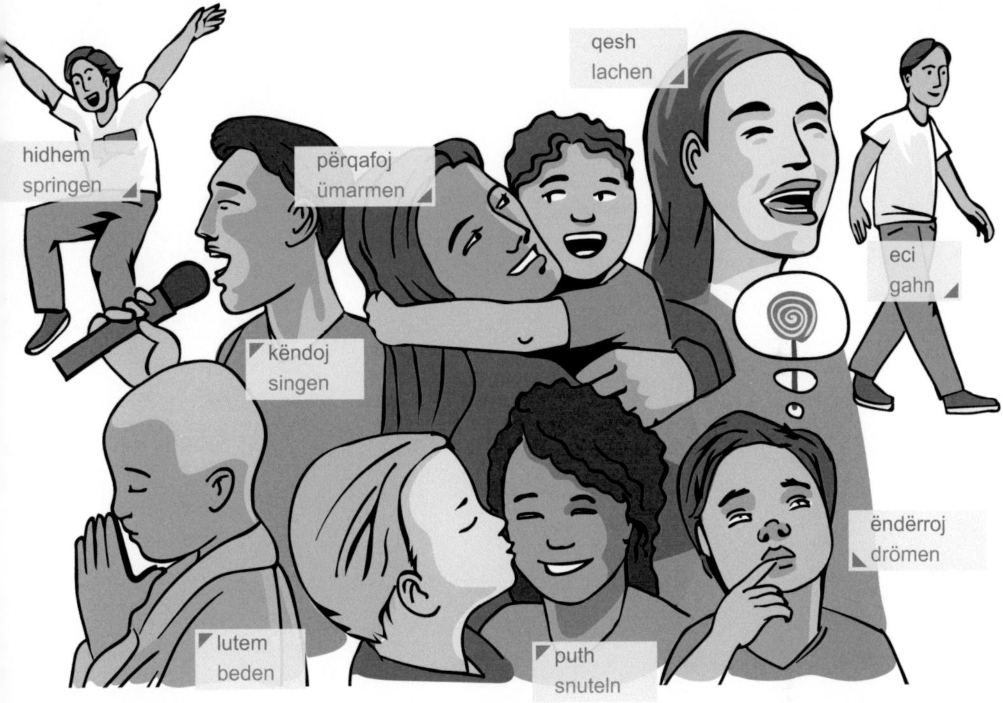

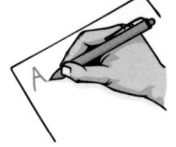

shkruaj

schrieven

vizatoj

teken

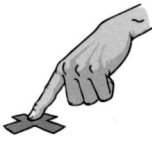

tregoj

wiesen

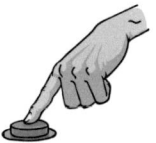

shtyj

drücken

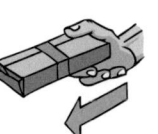

jap

geven

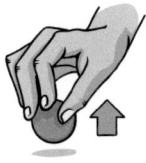

marr

nehmen

kam
hebben

bëj
doon

jam
sien

qëndroj
stahn

vrapoj
lopen

tërheq
trecken

hedh
smieten

bie
fallen

shtrihem
liggen

pres
töven

mbaj
dregen

ulem
sitten

vishem
antrecken

fle
slapen

zgjohem
opwaken

shikoj

ankieken

qaj

wenen

përkëdhel

eien

kreh

kämmen

bisedoj

snacken

kuptoj

verstahn

kërkoj

fragen

dëgjoj

hören

pi

drinken

ha

eten

sistemoj

oprümen

dashuroj

leefhebben

gatuaj

kaken

drejtoj makinën

fohren

fluturoj

flegen

lundroj

segeln

llogaris

reken

lexoj

lesen

mësoj

lehren

punoj

arbeiden

martohem

de Plünnen tohoopsmieten

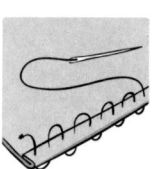

qep

neihen

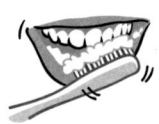

laj dhëmbët

Tähnen putzen

vras

dootmaken

tymos

smöken

dërgoj

schicken

gjyshe
Grootmoder

gjysh
Grootvadder

baba
Vadder

nënë
Moder

bebe
Winnelkind

vajzë
Dochter

djalë
Söhn

mysafir

Gast

teze, hallë

Tant

dajë, xhaxha

Unkel

vëlla

Broder

motër

Süster

trupi

Lief

balli
Vörkopp
syri
Oog
shpatulla
Schuller
gishti
Finger
fytyra
Gesicht
mjekra
Kinn
dora
Hand
këmba
Been
krahërori
Bost
krahu
Arm

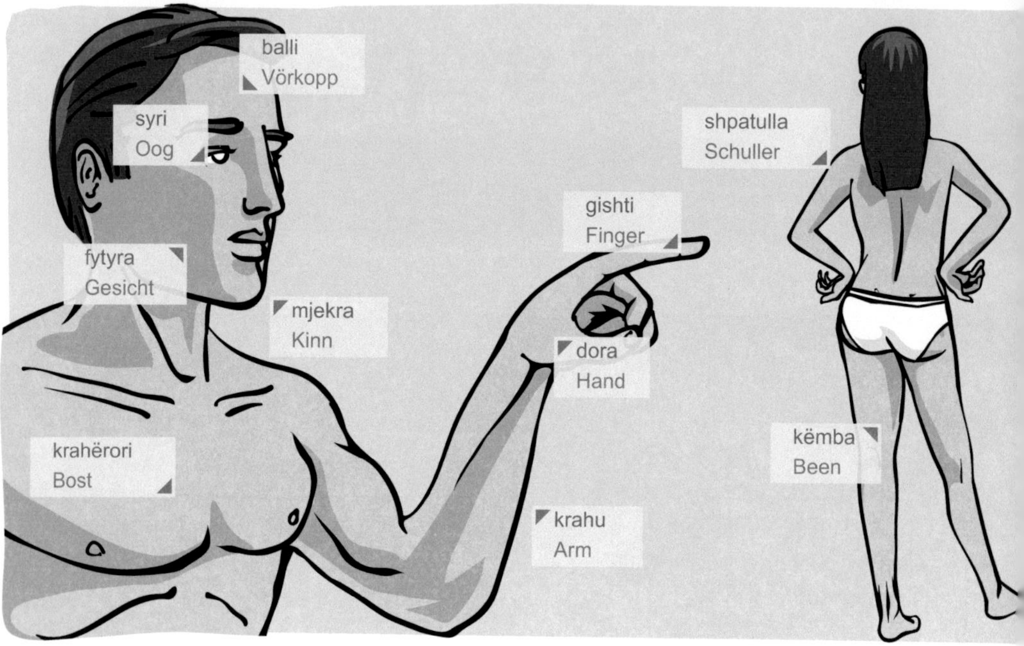

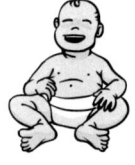

bebe

Winnelkind

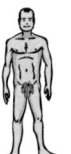

burrë

Mann

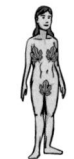

grua

Fro

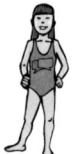

vajzë

Deern

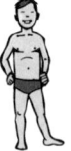

djalë

Jung

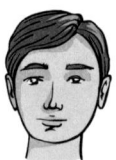

koka

Arm

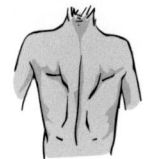

shpina

Rüch

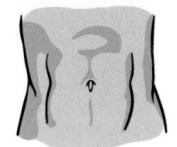

barku

Buuk

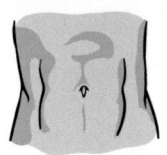

kërthiza

Navel

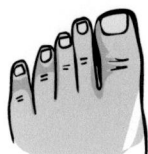

gisht këmbe

Teh

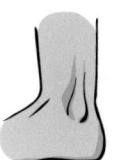

Thembra

Hack

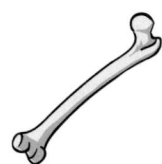

kockë

Knaken

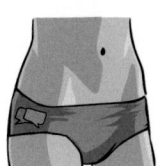

legeni

Hüft

gjuri

Knee

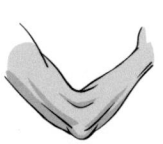

bërryli

Ellbagen

hunda

Nees

vithe

Achtersen

lëkura

Huut

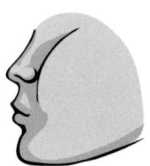

faqja

Back

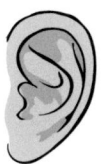

veshi

Ohr

buza

Lipp

goja

Mund

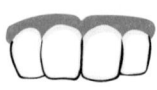

dhëmbët

Tähn

gjuha

Tung

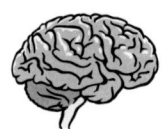

truri

Bregen

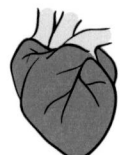

zemra

Hart

muskul

Muskel

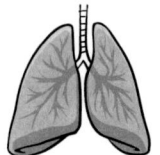

mushkëria

Lung

mëlçia

Lever

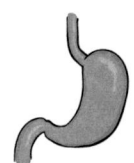

stomaku

Maag

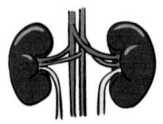

veshka

Neren

seks

Bislaap

prezervativ

Kondoom

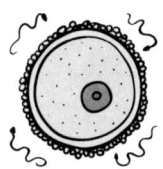

veza

Eizell

sperma

Sperma

shtatëzani

Anner Ümstänn

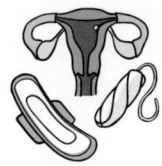

menstruacione
Menstruatschoon

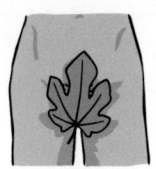

vagina
Scheed

penis
Pint

vetulla
Ogenbroe

flokët
Hoor

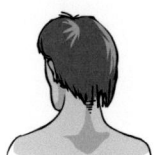

qafa
Hals

spital

Krankenhuus

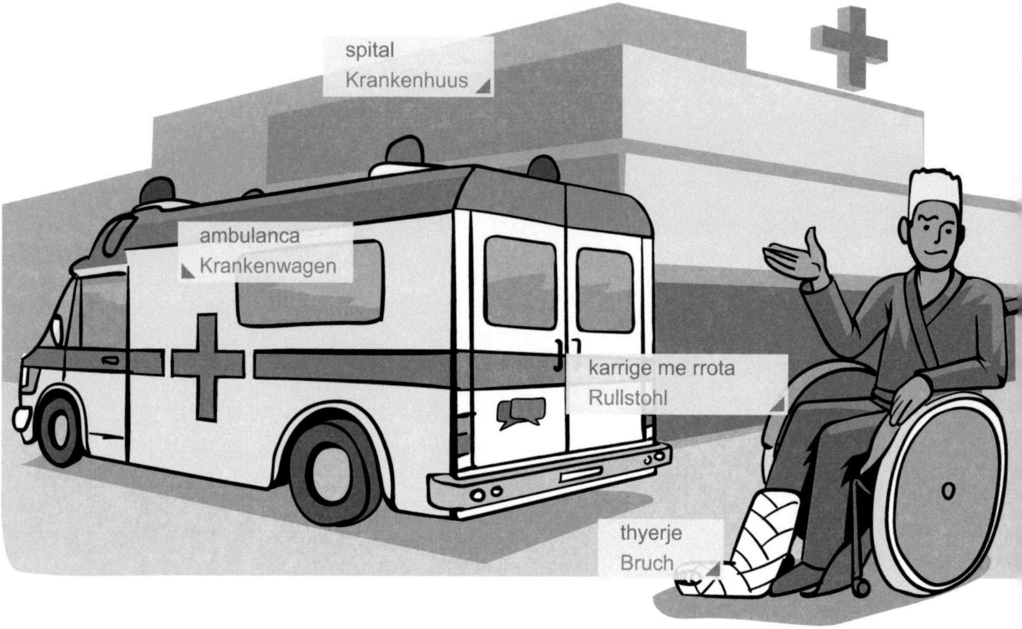

spital
Krankenhuus
ambulanca
Krankenwagen
karrige me rrota
Rullstohl
thyerje
Bruch

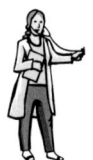

mjek

Dokter

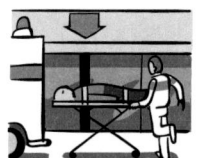

sallë urgjencash

Nootopnahm

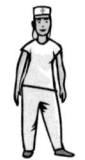

infermiere

Krankensüster

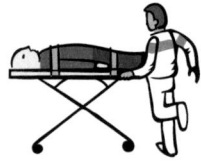

emergjencë

Nootfall

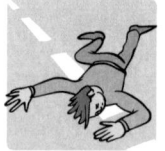

i pandërgjegjshëm

ahnmächtig

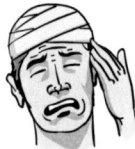

dhimbje

Wehdaag

dëmtim

Verwunnen

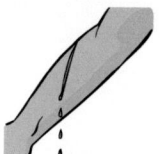

gjakosje

Blöden

infarkt

Hartinfarkt

goditje

Slaganfall

alergji

Allergie

kolla

Hoosten

ethe

Fever

grip

Gripp

diarre

Dörchfall

dhimbje koke

Koppwehdaag

kancer

Kreeft

diabet

Zuckersüük

kirurg

Chirurg

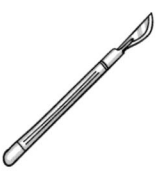

bisturi

Chirurgsch Mess

operacion

Operatschoon

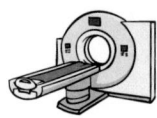

CT (skaner)

CT

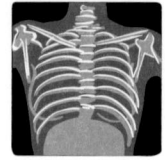

radiografi

Dörchlüchten

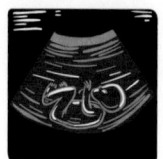

ultratingull

Ultraschall

maskë fytyre

Mask

sëmundje

Krankheit

dhomë pritjeje

Töövruum

paterica

Krück

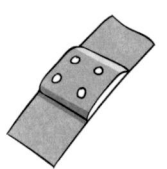

leukoplast

Plaaster

fasho

Verband

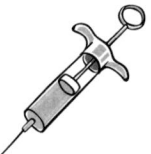

injeksion

Insprütten

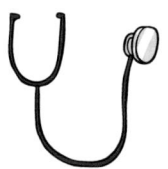

stetoskop

Stethoskop

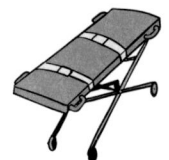

barelë

Draag

termometër

Feverthermometer

lindje

Geboort

mbipeshë

Övergewicht

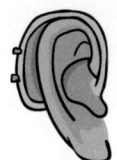

aparat dëgjimi

Höörapparat

dezinfektant

Kiemfriemiddel

infeksion

Ansteken

virus

Virus

HIV / AIDS

HIV / AIDS

mjekësi, mjekim

Heelmiddel

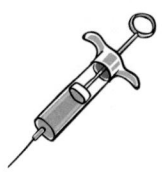

vaksinim

Impen

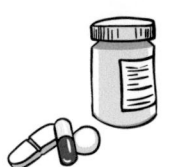

tableta

Tabletten

pilulë

Pill

telefonatë emergjence

Nootroop

aparat tensioni

Blootdruck-Meter

i sëmurë / i shëndetshëm

krank / gesund

Ndihmë!

Hölp!

alarm

Alarm

sulm

Överfall

atak

Angreep

rrezik

Gefohr

dalje emergjence

Nootutgang

Zjarr!

Füer!

fikëse zjarri

Füerlöscher

aksident

Unfall

kuti e ndimës së shpejtë

Noothölpkoffer

SOS

SOS

policia

Polizei

Europa

Europa

Amerika e Veriut

Noordamerika

Amerika e Jugut

Süüdamerika

Afrika

Afrika

Azia

Asien

Australia

Australien

Atlantiku

Atlantik

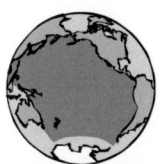

Paqësori

Pazifik

Oqeani Indian

Indisch Weltmeer

Oqeani Antarktik

Antarktisch Weltmeer

Oqeani Arktik

Arktisch Weltmeer

Poli i veriut

Noordpol

Poli i Jugut

Süüdpol

Antarktida

Antarktis

toka

Eerd

tokë

Land

det

See

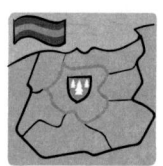

ishull

Eiland

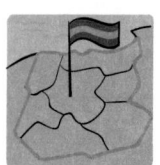

komb

Natschoon

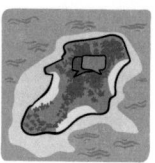

shtet

Staat

fusha e orës

Tallenblatt

akrepi i orës

Stunnenwieser

akrepi i minutave

Minutenwieser

akrepi i sekondave

Sekunnenwieser

Sa është ora?

Wo laat is dat?

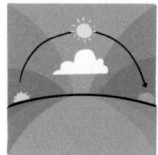

ditë

Dag

kohë

Tiet

tani

nu

orë dixhitale

digetaalsch Klock

minutë

Minuut

orë

Stunn

javë

Week

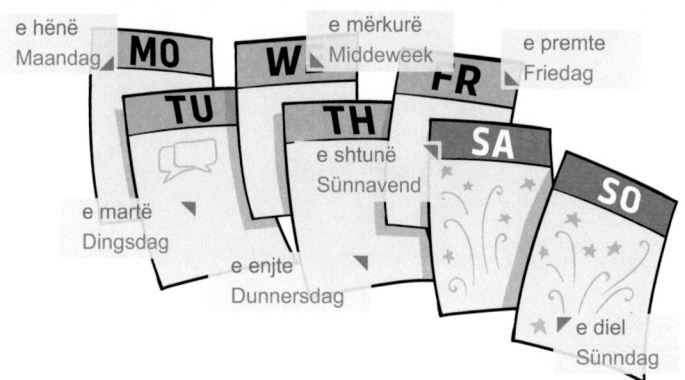

e hënë
Maandag

e mërkurë
Middeweek

e premte
Friedag

e martë
Dingsdag

e shtunë
Sünnavend

e enjte
Dunnersdag

e diel
Sünndag

dje

güstern

sot

hüüt

nesër

morgen

mëngjes

Morgen

mesditë

Meddag

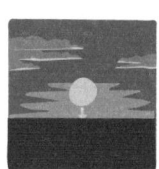

mbrëmje

Avend

MO	TU	WE	TH	FR	SA	SU
1	2	3	4	5	6	7
8	9	10	11	12	13	14
15	16	17	18	19	20	21
22	23	24	25	26	27	28
29	30	31	1	2	3	4

ditë pune

Arbeitsdaag

MO	TU	WE	TH	FR	SA	SU
1	2	3	4	5	6	7
8	9	10	11	12	13	14
15	16	17	18	19	20	21
22	23	24	25	26	27	28
29	30	31	1	2	3	4

fundjavë

Wekenenn

shi
Regen

ylber
Regenbagen

erë
Wind

borë
Snee

pranverë
Fröhjohr

verë
Sommer

vjeshtë
Harvst

dimër
Winter

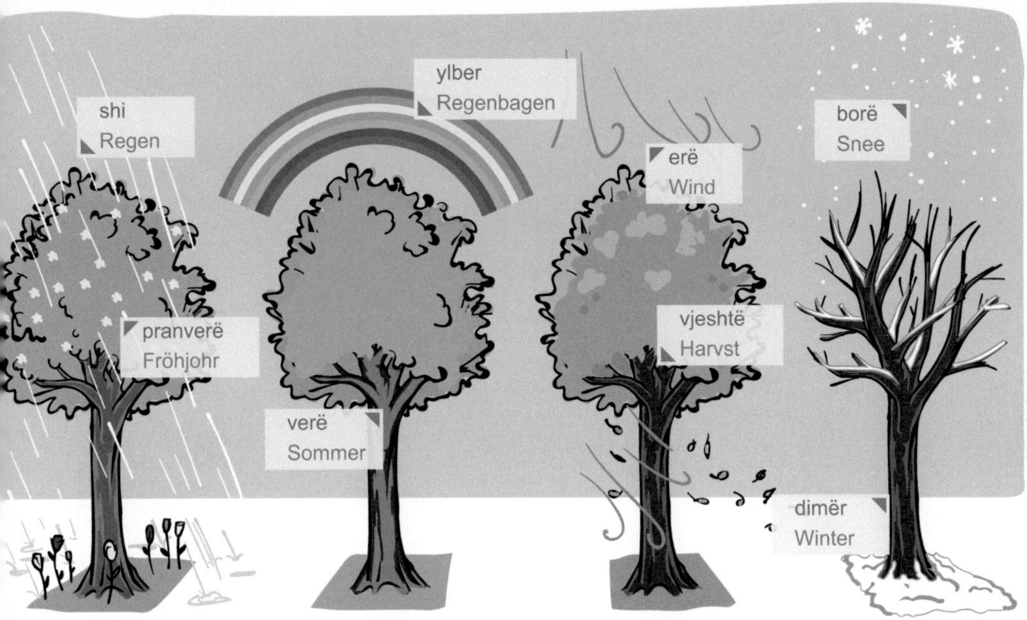

parashikimi i motit

Wedervörhersaag

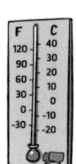

termometër

Thermometer

ndriçim dielli

Sünnenschien

re

Wulk

mjegull

Nevel

lagështi

Luftfuchtigkeit

vetëtima

Blitz

gjëmim

Dunner

stuhi

Storm

breshër

Hagel

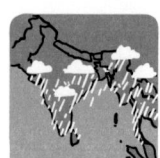

muson

Monsun

përmbytje

Floot

akull

Ies

janar

Januormaand

shkurt

Februormaand

mars

Martmaand

prill

Aprilmaand

maj

Maimaand

qershor

Junimaand

korrik

Julimaand

gusht

Augustmaand

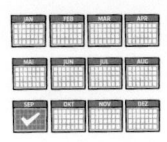

shtator
....
Septembermaand

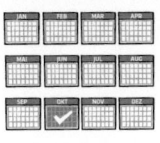

tetor
....
Oktobermaand

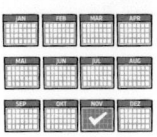

nëntor
....
Novembermaand

dhjetor
....
Dezembermaand

forma
Formen

rreth
....
Krink

katror
....
Quadrat

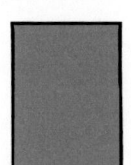

drejtkëndësh
....
Rechteck

trekëndësh
....
Dreeeck

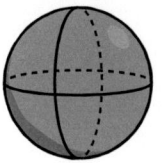

sferë
....
Kugel

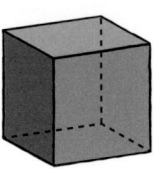

kub
....
Wörpel

e bardhë

witt

e verdhë

geel

portokalli

orangsch

rozë

pink

e kuqe

root

vjollcë

lila

blu

blau

e gjelbër

gröön

kafe

bruun

gri

gries

e zezë

swart

shumë / pak	i nevrikosur / i qetë	i bukur / i shëmtuar
veel / wenig	böös / verdreeglich	smuck / mies

fillim / fund	i madh / i vogël	i ndritshëm / i errët
Begünn / Enn	groot / lütt	hell / düüster

vëlla / motër	e pastër / e pistë	e plotë / jo e plotë
Broder / Süster	schier / schietig	kumpleet / nich kumpleet

ditë / natë	gjallë / vdekur	i gjerë / i ngushtë
Dag / Nacht	doot / lebennig	breet / small

i ngrënshëm / i
pangrënshëm
geneetbor / nich geneetbor

i keq / i këndshëm

böös / fründlich

i lumtur / i mërzitur

fickerig / langwielt

i shëndoshë / i dobët

dick / dünn

e para / e fundit

toeerst / toletzt

mik / armik

Fründ / Fiend

plot / bosh

vull / leddig

e fortë / e butë

hart / week

e rëndë / e lehtë

swoor / licht

uri / etje

Smacht / Döst

i sëmurë / i shëndetshëm

krank / gesund

e paligjshme / e ligjshme

nich na't Recht / na't Recht

i zgjuar / budalla

klook / dummerhaftig

majtas / djathtas

linkerhand / rechterhand

afër / larg

neeg / feern

e re / e përdorur

nieg / bruukt

asgjë / diçka

nix / wat

i moshuar / i ri

oolt / jung

ndezur / fikur

an / ut

hapur / mbyllur

apen / slaten

i qetë / i zhurmshëm

lies / luut

i pasur / i varfër

riek / arm

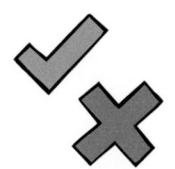

e drejtë / e gabuar

richtig / verkehrt

i ashpër / i butë

ruug / glatt

i mërzitur / i lumtur

trurig / glücklich

i shkurtër / i gjatë

kort / lang

ngadalë / shpejt

suutje / flink

i lagësht / i thatë

natt / dröög

ngrohtë / freskët

warm / köhl

luftë / paqe

Krieg / Freden

0

zero
null

1

një
een

2

dy
twee

3

tre
dree

4

katër
veer

5

pesë
fief

6

gjashtë
söss

7

shtatë
söven

8

tetë
acht

9

nentë
negen

10

dhjetë
teihn

11

njëmbëdhjetë
ölven

12	**13**	**14**
dymbëdhjetë	trembëdhjetë	katërmbëdhjetë
twölf	dörteihn	veerteihn

15	**16**	**17**
pesëmbëdhjetë	gjashtëmbëdhjetë	shtatëmbëdhjetë
föffteihn	sössteihn	söventeihn

18	**19**	**20**
tetëmbëdhjetë	nentëmbëdhjetë	njëzetë
achtteihn	negenteihn	twintig

100	**1.000**	**1.000.000**
qind	mijë	milion
hunnert	dusend	million

anglisht

Engelsch

anglishte amerikane

Amerikaansch Engelsch

kinezisht mandarin

Chineesch Mandarin

hindi

Hindi

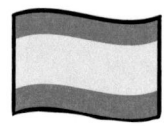

spanjisht

Spaansch

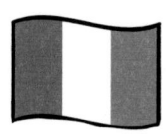

frëngjisht

Franzöösch

arabisht

Araabsch

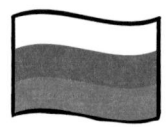

rusisht

Rusch

portugalisht

Portugiesch

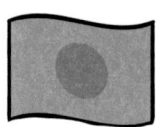

bengalisht

Bengaalsch

gjermanisht

Düütsch

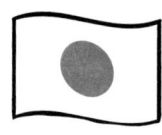

japonisht

Japaansch

unë

ik

ti

du

ai / ajo

he / se / dat

ne

wi

ju

ji

ata

se

kush?

keen?

çfarë?

wat?

si?

woans?

ku?

woneem?

kur?

wannehr?

emër

Naam

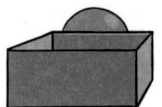

pas

achter

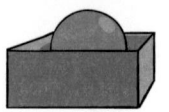

në

in

përballë

vör

sipër

över

mbi

op

poshtë

ünner

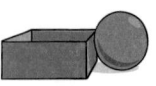

pranë

blangen

midis

twüschen

vend

Oort